AF245792

LE
FESTIN DU JOUR DE L'AN A TAHITI

PAR

F. JÉRUSALÉMY

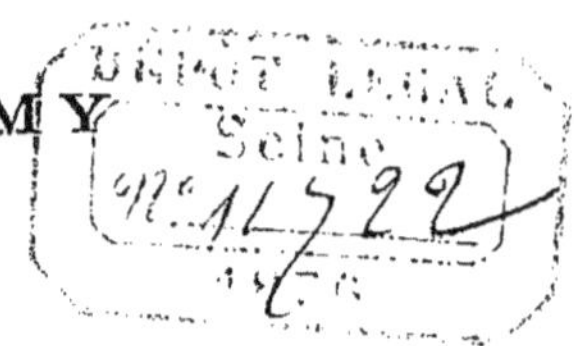

Les Tahitiens, peuple enfantin et positif par excellence, appellent toutes les choses par leur nom ; la périphrase, la circonlocution et le sous-entendu leur sont absolument inconnus. « Amuramâa » dans leur langage signifie à la lettre « gloutonnerie, action de manger beaucoup », et c'est ainsi qu'ils désignent ce qu'en France nous appellerions un festin.

Ce peuple indifférent n'a jamais professé de religion proprement dite. Les cérémonies en commun qu'il pratiquait jadis n'ont de nom dans aucune langue civilisée ; mais les missionnaires venus dans l'île à la suite de Cook n'eurent pas de peine à gagner à leur culte, pour la plus grande gloire de la « high » ou de la « low church », ses habitants, d'un caractère doux et complaisant. Aujourd'hui encore, la grande majorité des habitants de Tahiti et des îles de l'Océanie est protestante, mais dans l'archipel des îles Tuamotu le catholicisme a fait de très-grands progrès. Ces peuplades n'ont pas cependant dans le courant de l'année, comme les chrétiens d'Orient et d'Occident, de ces fêtes qui se distinguent des dimanches par des cérémonies religieuses dans les temples et par des solennités culinaires dans les maisons. A part quelques dîners officiels donnés par la reine Pomaré IV, les coutumes locales ne se prêteraient pas à l'adoption de nos usages pour ce qui est des invitations à dîner. La seule fête vraiment populaire des Tahitiens est celle du premier jour de l'an.

(1) *Amuramâa a te mataïti api.* (Extrait d'un travail sur Tahiti [Océanie]).

Nous ne nous occuperons ici que de la partie profane de cette grande solennité des indigènes de l'Océanie, et principalement des préliminaires et des apprêts de ce grand festin.

Dès les premiers jours du mois de novembre, des pourparlers s'engagent entre les chefs de famille voisins de case (hui-raatira). Le soir, assis par terre, les jambes croisées, ou étendus sur le ventre, les pieds en l'air, sur l'«aretu» (1) de la case, ou sur l'herbe qui s'étend en tapis vert devant la porte, aspirant la fumée de la cigarette de tabac que la maîtresse de céans a roulée dans un fragment de feuille de pandanus, hommes, femmes et même enfants échangent leurs idées sur la fête projetée pour célébrer le 1er janvier de l'année nouvelle, et font leurs observations sur la dernière fête correspondante. Chacun prend la parole quand il le peut, mais on écoute l'orateur dans un religieux silence.

Ces tournois oratoires ont lieu plus tard en plein vent, soit devant la porte de la case du « tavana » (chef du district), soit de celle du «péritilini» (président du conseil de la même circonscription), ou du «toohitu» (membre du tribunal supérieur indigène), ou de l'«irititure» (député de la chambre législative), ou de l'«aüvaa» (orateur officiel du canton), ou enfin de l'un des principaux «hui-raatira» (chefs de famille). Dans ces réunions officielles, les femmes et la jeunesse des deux sexes n'assistent qu'à titre de spectateurs avec voix ou plutôt cris approbatifs. Les orateurs sont généralement des personnages importants de l'endroit, revêtus d'une autorité officielle ou d'une grande considération personnelle.

On ne saurait s'y prendre trop longtemps d'avance pour discuter les nombreuses opinions en litige, et qui toutes ont, aux yeux des Tahitiens, une importance de premier ordre.

L'«amuramâa» sera-t-il général et collectif pour le district tout entier? ou n'aura-t-il lieu qu'en famille, entre parents et amis? Dans quel emplacement sera-t-il célébré?

Quelles en seront les dispositions et l'ornementation?

(1) Très-fine bruyère conservant longtemps sa souplesse et sa fraîcheur.

L'« amuramâa » sera-t-il célébré « papâa huru », c'est-à-dire à la mode des étrangers, ou s'en tiendra-t-on aux coutumes nationales?

Enverra-t-on des invitations aux amis et personnes marquantes parmi les blancs de la ville et du canton?

Se passera-t-on de pain et de vin, objets de luxe dans le pays?

Et (cela se dit à voix basse, voire même à huis-clos, si le village possède des « motoï papâa », gendarmes), le régal par excellence, le nectar d'autant plus délicieux qu'il est défendu, l'irrésistible « avaâva » (eau-de-vie), sera-t-il acheté à fonds communs ou par chaque amateur pour son propre compte, à ses risques et périls? Si, par la dureté des temps et la rigidité de la surveillance, l'acquisition de la liqueur défendue présente des obstacles insurmontables, on se demande s'il ne vaut pas mieux se contenter de la boisson nationale faite d'oranges fermentées et dont le gendarme est aussi incapable d'apprécier les délices que la loi d'empêcher l'usage.

On discute ensuite la question des toilettes des hommes et des femmes : seront-elles uniformes pour les deux sexes, ou chacun s'habillera-t-il selon ses goûts et ses moyens? Les souliers et les bottines sont de rigueur ; les districts les plus pauvres ne s'en dispensent plus. Mais ce luxe, qui a l'inconvénient de blesser horriblement les pieds, ne manque-t-il pas son effet lorsque beaucoup de gens se contentent de porter leurs chaussures à la main? Sans doute l'uniformité de costume est désirable, mais tout le monde n'a pas le même crédit chez le marchand de Papeeté ou le Chinois ambulant : les « papâa » ne veulent plus être payés en paroles ; ils réclament de l'argent ou du travail. Du premier, qui est-ce qui en possède? Quant au second, le travail... « haümani » ! (quel ennui !) Cependant les rubans et les fleurs multicolores dont les hommes de la ville ont orné leurs chapeaux certain dimanche seraient chose charmante à adopter.

Y aura-t-il des divertissements publics à l'issue de l'« amuramâa »? Sans doute il n'y a rien de plus « area-area », c'est-à-dire de plus réjouissant dans une fête, mais le bonheur suprême ne consiste-t-il pas encore à étancher sa soif, après un copieux festin ?

Comme on le voit, les questions à résoudre sont de la plus haute importance, et l'on n'a pas trop de cinq ou six semaines pour les discuter et se mettre d'accord !

Le « tavana » ou chef, qui représente la plus haute autorité du district, assiste fréquemment à ces réunions et prend une grande part aux discussions. S'il est aimé et respecté de ses administrés, s'il est considéré comme le chef légitime, c'est-à-dire comme un descendant direct du « tavana » de l'ère de l'indépendance, ainsi que le veulent les usages traditionnels du pays, ou si c'est un élu des suffrages du canton, comme le prescrivent les lois écrites et le pacte modernes, son opinion personnelle finit presque toujours par prévaloir. Mais, s'il a été imposé au district par le commandant français en dépit du droit public et de l'acte du protectorat, s'il est un chef toléré, c'est-à-dire généralement détesté, il est bien rare que son avis soit goûté par d'autres que par ses partisans officiels, lors même que cet avis serait bon et sensé. Cela ne l'empêche pas toutefois de l'emporter, car il a pour lui le directeur « papâa » et ses ordres foudroyants, les « motoï » et leurs cordes-menottes. Mais alors ce n'est plus une fête « area-area » (réjouissante), et la célébration du 1ᵉʳ janvier devient une corvée publique.

Pendant que les hommes mariés discutent à grand renfort d'interjections gutturales les graves questions ci-dessus, les chœurs des « himéné » étudient assidûment et mettent en parties des airs nouveaux sur des paroles inspirées par la Bible.

Un mot sur ces chants nationaux, dont aucune description ne saurait donner une idée exacte. La musique écrite, la théorie harmonique sont absolument inconnues des Tahitiens, les plus grands musiciens naturels du monde. L'« himéné » est un chant toujours en mode mineur, son mouvement est un « allégro » plus ou moins précipité. Le compositeur du village (chaque village possède son compositeur attitré, homme ou femme), après avoir longtemps médité une phrase musicale, l'exécute devant les principaux sujets choristes qu'il fait venir

dans sa case. Si ces derniers trouvent l'inspiration « nèh nèh »
(intéressante, jolie), et il est rare qu'il en soit autrement, ils
l'apprennent par cœur séance tenante, presque toujours en
y apportant quelques modifications, que le compositeur adopte
avec assez de bonne grâce.

Si le district ne possède pas un poëte, le ministre ou le
maître d'école est requis d'assembler des paroles sur l'air
nouveau. Le poëte de circonstance, qui, pareil à certains orateurs des pays civilisés, a péniblement et de longue main
préparé son « improvisation », la débite gravement et la voit
adoptée sans conteste par l'auditoire. Cette poésie, sans rime
ni mesure, se compose généralement d'une seule phrase, plus
ou moins longue, suivant les exigences de la composition musicale à laquelle on l'adapte tant bien que mal.

L'« himéné » ainsi créé, les choristes sont convoqués au son
du « tari-paraü » (parole qui roule, tambour) dans la case
affectée à leurs réunions, qui est généralement la maison com-
mune. Là le compositeur et ses initiés leur communiquent les
éléments du nouvel « himéné ». Adhésions et critiques écla-
tent simultanément en un énorme brouhaha d'interjections, de
rires et de controverses ; mais l'adoption s'impose toujours par
la voix puissante d'un gaillard armé d'un bâton qui remplit
les fonctions de directeur du chant, et dont le jugement est
sans appel.

L'air est toujours composé pour voix de soprano. Les exé-
cutantes de ce registre, assises sur deux files se faisant face
à une distance plus ou moins large, l'apprennent séance tenante, et pendant qu'elles le répètent, les « mezzo-soprani »,
formant les ailes des secondes files, dont le centre est occupé
par les « contralti », les premiers et les seconds ténors et les
deux ordres de basses-tailles qui forment les dernières files,
s'essayent, d'oreille et sans aucune direction, à accompagner
le motif, selon leurs moyens respectifs. Au bout de quelques
répétitions, qui, chose remarquable, ne donnent jamais lieu à
une seule note discordante, et où la mesure, que personne ne
bat, n'est jamais en défaut, le nouveau chœur a déjà pris une
fort bonne tournure. Alors le « raatira » ou chef invite les

« péré-péré » (1), les soprani très-aigus, les « héhahé » (ténors)
et les « maru-maru », basses profondes des deux groupes, à
orner le nouveau chant de quelques fioritures, dont le genre et
l'application sont laissés à l'appréciation et au goût de leur
talent particulier.

L' « himéné », ainsi complété, ne manque jamais de produire
une grande impression sur l'étranger des pays civilisés qui
l'entend pour la première fois. Toutes les lois de l'harmonie
y sont instinctivement observées, et la mélodie du motif
principal est généralement si étrange (2), les fioritures si extraordinaires, que ces chœurs tahitiens, entendus à une certaine distance, dans le calme d'une belle nuit ou dans le demi-
sommeil d'un réveil matinal, procurent à l'auditeur le plus
difficile les sensations qu'il éprouverait à entendre la plus belle
symphonie.

Entre le 15 et le 20 décembre, si l'on parcourt la route cir-
culaire de l'île et de la presqu'île de Tahiti, on rencontre, à
chaque pas, des groupes d'indigènes des deux sexes, presque
tous jeunes, se dirigeant à pied vers la capitale, Papeeté. Tous
ces groupes sont endimanchés ; les femmes en « tapa », espèce
de peignoir d'étoffe à ramages ou rayures de couleurs
voyantes, fraîchement repassé ; les cheveux, gras de « mo-
noï » (3), tombant le long des épaules en deux tresses, dont
les deux bouts sont réunis par un ruban noir, ou relevés en
double fronde vers la nuque, et reluisant au soleil comme des
morceaux de jais ; le petit chapeau de paille garni à la mode
« papâa », rabattu sur les yeux ; le foulard de soie flottant sur
la poitrine comme une serviette, ou le mouchoir blanc entou-
rant le cou et noué sur la nuque ; les hommes en « paréo »

(1) Qui jouent avec les notes.

(2) Le motif de quelques « himénés » est pris dans des chants sacrés
introduits dans l'île soit par les ministres protestants, soit, plus fréquemment, par les missionnaires catholiques ; mais tellement « arrangés », que
l'auteur primitif lui-même aurait de la peine à les reconnaître.

(3) Huile de coco épurée dans laquelle on a infusé une certaine herbe bal-
samique, ce qui lui donne une très-forte odeur, désagréable aux blancs,
mais fort plaisante pour l'odorat des indigènes.

(morceau de cotonnade rouge ou bleu foncé, à ramages blancs ou jaunes) négligemment ceint autour des reins ; la chemise européenne, blanche ou de couleur, retombant par-dessus ; le chapeau de paille de « ohué », orné d'une couronne de « pia », planté sur l'oreille. Tout le monde marche pieds nus, et chacun porte à la main un paquet contenant des hardes de rechange. Les mères tirent par la main un enfant et en portent un autre en équilibre sur la hanche. Souvent ces groupes sont précédés ou suivis par un ou plusieurs chevaux chargés de régimes de « feï », grosse banane des montagnes, ou de paquets de « huru » (fruit de l'arbre à pain), qui doivent servir à la nourriture des voyageurs pendant la durée du déplacement. Des petits cochons de lait et des volatiles sont parfois suspendus à côté de ce pain des Tahitiens, ou bien les voyageurs poussent devant eux des porcs qu'ils ont l'intention de vendre ou d'échanger à la ville. Pendant que ces groupes cheminent par terre, des pirogues simples ou doubles et quelques baleinières transportent par eau les personnes plus âgées.

Tout ce monde vient à la capitale faire ses emplettes de jour de l'an, et l'on voit bientôt les voyageurs reprendre le chemin de leur district, chargés de provisions de tout genre et dissimulant plus ou moins habilement sous leurs vêtements l'eau-de-vie prohibée dont ils ont fait l'acquisition.

Pendant ce temps, les hommes les plus robustes et les plus agiles ont été explorer les profondes vallées du centre de l'île pour cueillir le « feï », fruit qui compose le fond de la nourriture des Tahitiens pendant plusieurs mois de l'année, et chasser le cochon sauvage.

A la Noël, tout le monde est rentré au village : ceux-ci embarrassés de mille paquets et de provisions diverses ; ceux-là chargés de régimes de « feï », de paniers d' « évi » (pommes de Cythère), de bottes de « maïoré » et de cochons sauvages, qu'ils portent sur d'énormes gaules. A cette époque, les districts entrent dans une phase d'activité et de mouvement qu'on n'y voit à aucune autre époque de l'année : le travail, ou plutôt la corvée des routes, est suspendu avec permission de l'autorité centrale, et les hommes restent au village.

Les chasseurs, qui sont en général les prolétaires du district, sont occupés à saigner, à écorcher et à dépecer le produit de leur chasse, qu'ils se partagent entre eux, sans oublier tous ceux qui leur demandent une petite part ; les « huiraatira, » et le chef du district par l'entremise de ses «mataro» (hommes de peine), en font autant des animaux de leurs basses-cours ; les mères de famille, pour l'unique fois dans l'année, mettent un peu d'ordre dans leur intérieur ; toutes les hardes, qui ont été blanchies et repassées, sont rangées méthodiquement dans le coffre en bois de rose ou de camphre fabriqué en Chine — luxe suprême — qui sert d'unique armoire à la famille. Ce meuble, et les autres, quand la case en possède, sont époussetés et essuyés ; le plancher de la case lavé et frotté, l'« aretu » secoué ou renouvelé. Les grands parents ont été chargés de tout ce qui regarde les fours. Tandis qu'ils creusent des trous circulaires dans la terre, sur le derrière de l'habitation, qu'ils y entassent des galets de mer chauffés à haute température au moyen de morceaux de bois placés en travers et enflammés, les fillettes enveloppent dans les feuilles du « féi » ou du bananier les morceaux de porc ou les poissons que le chef de la maison a pris la veille au harpon, et détachent de leurs régimes les fruits arrivés à maturité ; les garçons, au moyen d'une petite noix de coco vidée et polie, râpent la peau des « maïorés » (1) coupés en deux, et vont à la rivière laver et peler, par le même procédé, les têtes de «taro» (2), plumer et nettoyer les volatiles dont on vient de couper le cou. Poissons, viandes et fruits sont placés symétriquement sur les cailloux rougis au feu. On recouvre le tout de plusieurs couches de feuilles de « maïoré »; sur les feuilles on met de vieux sacs en toile, et sur les sacs de la terre. Les

(1) Fruit de l'arbre à pain, de la grosseur d'un coco et de forme ovoïde.

(2) Espèce de tubercule de forme conique et de la grosseur d'une betterave que les Tahitiens cultivent dans les terrains marécageux, qu'ils dessèchent, quelque temps après la plantation, au moyen d'un drainage à rigole unique encadrant le champ. Ce tubercule, fort recherché par les naturels, arrangé d'une certaine façon, est assez agréable au goût. Ses feuilles se développent et atteignent une grande dimension.

fours sont alors garnis ; la cuisson, une cuisson parfaite, se fait en quelques heures.

Des hommes robustes, à cheval sur des espèces de trépieds ou de chevalets, dont un bout saillant est terminé par une lame de fer recourbée comme un tranchet, râpent la chair de vieux cocos desséchés, laquelle, infusée dans de l'eau de mer, doit tenir lieu de sauce générale pour les viandes et les poissons ; d'autres triturent dans la partie concave de petites pirogues des bananes mûres, des « féi » rôtis, ou des « taro » bouillis avec de la farine de manioc ; le tout arrosé d'eau de coco forme une pâte molle et gluante. Roulée dans des feuilles de « maïoré » et cuite pendant plusieurs heures au four canak, cette pâte se transforme en une sorte de gélatine opaque et épaisse, grise, jaunâtre ou violette, suivant le végétal qui a servi de base à sa composition ; c'est le plat, ou plutôt le gâteau national, le seul que connaissent les Tahitiens, et dont ils sont très-friands.

Les autorités du lieu, qui ont eu l'honneur de manger à la table de la reine un jour de gala, ou qui, invitées aux soirées du « tomana » (commandant), ont pu étudier à loisir les raffinements de la cuisine européenne, s'ingénient à confectionner de leurs propres mains quelques-uns des plats dont ils comptent orner leurs tables à la façon des « papâa ». Pour faire bien les choses, ils se sont endettés chez les marchands de la ville (ce qui est le moindre de leurs soucis) pour se procurer des couverts, des assiettes, des verres et tous les ustensiles nécessaires pour dresser une table à l'européenne ; le plus grand nombre n'a pas reculé devant l'énorme fatigue de transporter à dos d'homme ou à coups de pagaie les chaises et les bancs qu'ils ne possédaient point, et qu'au prix de mille démarches et sollicitations ils sont parvenus à emprunter à des blancs de leur connaissance.

Partout, enfin, des feux multiples, des monceaux de victuailles, de grands nettoyages, un remue-ménage universel ; partout les allées et les venues qui caractérisent dans tous les pays les approches d'une grande solennité ; mais partout aussi l'entrain, la gaieté, les plaisanteries au gros sel et les formidables éclats de rire inséparables de toute réunion des Tahitiens.

Vers le coucher du soleil, alors que tous les habitants du district se reposent un peu des grands travaux de la journée, le « tari-paraü » (tambour officiel), parti de la maison du chef, traverse le village dans toute sa longueur, en faisant retentir les airs des roulements invariables en pareille circonstance de son instrument, auquel une troupe de gamins font un brillant accompagnement en exécutant les mêmes jeux de baguettes sur la peau soulevée d'un morceau de gros bambou encore vert qu'ils maintiennent sous leurs bras, et imitent fort bien les sons du tambour en sourdine. En temps ordinaire, de chaque case serait partie une interrogation à l'adresse des dilettanti; mais, en ce jour, tout le monde sait que c'est la convocation au «paraparaü» (réunion pour la parole) sur les choses qui regardent la grande solennité. Une demi-heure après, tout le village est rassemblé devant la case du chef et attend en silence, dans les poses les plus variées, qu'il plaise à l' « aüvâa » de donner le signal des discours. Celui-ci, sur l'invitation du « tavana », se lève enfin, et, de toutes les forces de ses poumons, annonce à la réunion les choses les plus extraordinaires, comme, par exemple, qu'on est bien près d'atteindre la dernière heure de l'année qui expire, et qui sera suivie de la première heure de l'année nouvelle; que des « himéné » nouveaux seront chantés au temple à cette occasion ; qu'il y aura énormément à manger à l' «amuramâa», les chasseurs ayant pris tant de chèvres et tant de porcs sauvages (ici l'orateur imite les cris et certains mouvements particuliers à ces animaux, à la très-grande hilarité des auditeurs), et une foule de particularités aussi neuves, que tout le monde sait par cœur, tant on se les est répétées à satiété, mais que, néanmoins, on écoute chaque année dans le même silence et avec la même attention que si elles frappaient pour la première fois leurs oreilles. Cependant, l'intérêt et le contentement qui s'attachent à ce discours sont en proportion du talent que déploie l'orateur pour l'émailler de mots plaisants, de saillies piquantes, d'allusions plus ou moins transparentes à certains événements et à certaines personnes qu'il doit savoir mettre ingénieusement en scène, sans avoir à se soucier de l'à-propos ; pour le varier par des imitations et des grimaces qui ne manquent jamais leur effet, fussent-elles, comme le reste, d'ailleurs, des redites infiniment renouvelées ou des « emprunts » faits à des confrères des autres districts.

Les réponses ne se font pas attendre : un « hui-raatira » au nom des habitants, le chef du canton au nom des autorités, et le magister au nom des « himéné », font chacun un discours, le plus long qu'ils peuvent, pour confirmer et louer les paroles de l'« auvâa », sans compter les amateurs d'éloquence qui parlent pour leur compte personnel.

Dès que le coq a fait entendre son premier chant, tous les habitants du village se mettent à leur toilette et sourient intérieurement à l'idée de l'effet que vont produire leurs nouveaux atours dans la réunion préparée de si longue main. A minuit, toute la population protestante prend le chemin de la maison de prière éclairée « à giorno » par des quinquets et des bougies fournis par la libéralité des chefs de famille. Mais, par suite de la longueur de l'office, qui est double ou triple de celui des dimanches ordinaires, le temple se transforme, peu à peu, en un dortoir des plus bruyants et ses alentours en fumoir.

L'emplacement choisi pour l'« amuramâa » est presque toujours le terrain libre qui se trouve devant la maison du chef, construite à l'européenne, ou autour du temple. La plus grande animation règne sur cette place dès la pointe du jour. Les « mataro » (1) du chef et du « péritilini », auxquels se sont joints quelques hommes de bonne volonté, pour la plupart étrangers au district, préparent et allument sur l'un des côtés du terrain des fours canaks, ou dépècent le produit de la chasse faite en commun. Au centre de la place, les jeunes gens du village construisent, avec des troncs de bananiers

---

(1) Domestiques exemptés d'impôts et de corvées. « Mataro » est une corruption de « matelot », par suite du service de rameurs que ces hommes doivent principalement fournir au chef du district, qui, il y a peu d'années encore, ne pouvait se rendre au chef-lieu que par eau et qui doit tenir son embarcation à la disposition de toute réquisition de l'autorité centrale.

plantés en terre à égale distance, une salle oblongue, qu'ils ornent de feuillages, de tresses de fleurs et de nattes. Les femmes roulent des cigarettes, qu'elles passent aux travailleurs en stimulant leur activité.

La précision des lignes, la simplicité et le bon goût de l'ornementation de cette salle de festin à jour présentent le coup d'œil en même temps le plus étrange, le plus frais et le plus harmonieux qu'on puisse imaginer.

C'est sous ce temple de verdure que chaque famille du village vient dresser sa table, en réservant le haut bout aux autorités, et lorsque le soleil approche du zénith, le tambour du village fait entendre un long roulement, au son duquel chacun se retire dans sa case pour procéder à sa toilette.

Puis, sur un ordre du chef, le signal est donné par le tambour officiel, et chacun revient prendre place à la table du festin. On n'attend plus que l'arrivée des autorités, qu'annoncent bientôt les grosses caisses et les tambours. Un « innahà » de satisfaction sort de toutes les bouches ; les têtes se tournent du côté du chemin, où débouche bientôt la procession officielle précédée des dilettanti tapageurs et des drapeaux de la France et du Protectorat (1). La marche est lente, les attitudes sont graves, les figures solennelles. La partie masculine du cortége, torturée par sa chaussure, cuit sous ses habits de gros drap noir au soleil de midi. Deux ou trois fins parleurs ont quitté leurs tables et se sont placés au centre de la salle de verdure. Dès que le cortége s'est trouvé à portée de voix, le parleur ordinaire a crié aux musiciens de se taire, et d'une voix élevée, et avec un maintien des plus sérieux, il commence un long discours en interpellant chacune des autorités par son titre. Son discours enfantin et terre à terre est souvent interrompu par les éclats de rire approbatifs des auditeurs et les cris des enfants, qui prétendent s'emparer de toutes les friandises qui depuis si longtemps les fascinent. Le chef du dis-

____

(1) Ce drapeau est composé des trois couleurs françaises enclavées dans le drapeau de la royauté tahitienne : bande rouge entre deux bandes blanches horizontales.

trict répond à l'orateur ; l'un des assesseurs réplique au chef ;
son discours est suivi par celui d'une autre autorité, et ainsi
de suite, durant un temps qu'aucune règle n'a limité d'avance.
Mais le « tavana » termine son speach par cette phrase d'une
éloquence irrésistible : « Amis, puisque tout est prêt, mangez!
mangeons! » et cent estomacs affamés suivent ce conseil sans
prêter une plus longue attention aux orateurs qui lâchent pied
les uns après les autres. Un seul reste sur la brèche et con-
tinue sans perdre haleine.

Cependant, autour des tables, mets et friandises disparais-
sent comme par enchantement ; la faim s'apaise et les convives
repus se renversent sur le dos de leurs siéges. Soudain un
« hui-raatira » à la face rubiconde et luisante de graisse se
lève tenant à la main un verre de vin rempli jusqu'au bord. A
cette vue, des exclamations joyeuses partent de tous les côtés
de la salle : « Une santé! voilà qui est bien! Ecoutez le toast! »
Des hurlements articulés cherchent à dominer ces divers cris...
C'est l'orateur fanatique qui ne veut pas être interrompu; il
demande qu'on l'écoute... Profitant de son ahurissement,
l'amateur du toast a passé outre et s'est emparé de la parole.
Il invite les convives à boire avec lui à la santé de la « répu-
purita » (république), du « tomana » (commandant), de Pomaré
« Vahiné » (femme), du chef du district, du chef motoï, des autorités du lieu. Des hourras formidables s'échappent de toutes
les poitrines et, pendant que l'orateur vide son verre rubis sur
l'ongle, bon nombre de chefs de famille, non-seulement ont
rempli tous les verres de leurs tables de l'eau-de-vie défendue,
mais encore ils en distribuent aux tables voisines. Là-dessus le
chef motoï, qui représente la force publique, s'est levé grave
et solennel. Attention! A l'immobilité et au silence qui se sont
emparés immédiatement de l'assemblée, à son attitude con-
sternée, elle semble pressentir un événement peu agréable. En
effet, le gênant fonctionnaire rappelle avec sévérité à l'assemblée que la loi ne permet pas les boissons spiritueuses aux
sujets de la reine, que si on les tolère parfois dans certains
« amuramâa » publics, ce n'est que par ordre du « tomana »
ou sur permission expresse du directeur des affaires indigènes,

qui, de l'avis même de la majorité du district, n'a pas été sollicitée dans ce cas. « Le raatira (chef) a raison ! c'est bien dit ! » s'empressent de crier en chœur d'une voix avinée et en dodelinant de la tête, les chefs de famille qui s'étaient montrés les plus soucieux de la santé de la république et de la royauté, les plus dévoués au bonheur des représentants de la loi. Mais tout à coup, du centre du carré, une voix enrouée fait entendre ces scandaleuses paroles : « Non, non ! le chef motoï n'a pas dit vrai ! C'est un animal ! Qu'est-ce que c'est que la république? Je ne la connais pas. Au diable gouverneur et Pomaré ! Je ne connais qu'une reine : hourra pour « l'avaâva »! A moi une petite tasse, que dis-je, une grande tasse de vin ! » C'est le dernier orateur, qui, dépité, humilié de n'avoir pu continuer à sa fantaisie son interminable discours, s'était accroupi sur le gazon, plein de mépris pour les sommités sociales de l'île, et il profite de l'occasion pour exhaler sa bile. « Voilà la vérité vraie ! Bien parlé ! » marmottent entre leurs dents ou en se penchant sous la table ceux-là mêmes qui venaient d'applaudir à la mercuriale de la force publique. Sans la présence des autorités, la boutade révolutionnaire de l'orateur aviné aurait provoqué de bruyants éclats de rire chez tous les assistants ; mais, devant la colère du chef du district et l'attitude menaçante du commandant de la police, les visages demeurent impassibles, les bouches closes.

Le commandant de police, plein d'expérience dans ces sortes de choses, tire de sa poche les cordes-menottes et fait signe à un de ses agents ; tous deux s'approchent du séditieux orateur, qui, se doutant de la communication qu'on se prépare à lui faire, se dispose à quitter l'enceinte avec des airs de dignité offensée. Mais, prompts comme l'éclair, les agents le saisissent et, malgré sa résistance désespérée, se rendent promptement maîtres du récalcitrant. Alors le chef du district et quelques autorités, pour ne pas avoir à se compromettre dans des scènes de ce genre qui pourraient se renouveler, se lèvent et se retirent un à un pour aller se retrouver soit chez le tavana, soit sur la pelouse, à l'ombre du temple.

Pendant que les gendarmes emmènent le trouble-fête, le

son du « vivo » (1) se fait entendre, accompagné de voix humaines ; d'autres musiciens exécutent des roulements sur des tambours ou sur des seaux renversés appliqués au même usage. Les danseurs se groupent autour des musiciens et se livrent aux contorsions plus ou moins disgracieuses qui constituent l'«upa-upa» nationale. Le soir, Diogène avec sa lanterne parcourrait en vain toute l'île pour y trouver un homme !

(1) Petite flûte des plus primitives, dans laquelle le joueur souffle avec l'une de ses narines tandis qu'il bouche l'autre avec le pouce de sa main droite.

Paris. — Typographie A. Hennuyer, rue d'Arcet, 7